La muerte tiene los días contados

MUSEO SALVAJE
Colección de poesía

———————————————

Poetry Collection
WILD MUSEUM

Mario Meléndez

LA MUERTE TIENE LOS DÍAS CONTADOS

Nueva York Poetry Press®

Nueva York Poetry Press LLC
128 Madison Avenue, Oficina 2RN
New York, NY 10016, USA
Teléfono: +1(929)354-7778
nuevayork.poetrypress@gmail.com
www.nuevayorkpoetrypress.com

La muerte tiene los días contados
© **2020 Mario Meléndez**

ISBN-13: 978-1-950474-84-4

© Prólogo y contraportada:
Luis Benítez

© Colección Museo Salvaje vol. 31
(Homenaje a Olga Orozco)

© Dirección:
Marisa Russo

© Edición:
Francisco Trejo

© Diseño de interiores:
Moctezuma Rodríguez

© Diseño de portada:
William Velásquez Vásquez

© Fotografía:
Evelyn Flores (autor)

Meléndez, Mario
La muerte tiene los días contados -- New York: Nueva York Poetry Press, 2020.
150pp. 5.25 x 8 inches.

1. Poesía chilena. 2. Poesía latinoamericana.

UN POEMARIO QUE NO TIENE SUS DÍAS CONTADOS

Vastamente reconocido por el público lector y la crítica especializada, el poeta chileno Mario Meléndez fue hace tiempo consagrado como una de las mejores voces actuales de la poesía latinoamericana.

Su trayectoria –pese a su juventud– abarca un nutrido arsenal de títulos que ratifican por derecho propio lo señalado en el párrafo anterior. Y no es poco el significado de un hecho concreto: el que un poemario como *La muerte tiene los días contados* haya alcanzado la cuarta edición, nos muestra el interés y la aceptación que su autor despierta en lectores de diferentes latitudes.

No en vano este libro ha recibido el elogio de diversos y destacados autores, entre ellos el gran Nicanor Parra, quien a lo largo de su siglo de vida leyó y escuchó una vasta gama de trabajos poéticos, pero quien ante la obra de Meléndez no dudó en manifestar, en su momento: "¡Caramba! Hace tiempo que no leía un texto que se sostuviera por sí solo", expresión que señala el impacto que espera al lector al recorrer las páginas siguientes.

¿Qué sostiene erguido a este poemario de Mario Meléndez, tal como lo declarara el autor de los famosos *Poemas y Antipoemas*? ¿Qué hará que siga de pie, según pase el tiempo, según será fácil de advertir ya desde la primera lectura?

Las razones son varias y entre las fundamentales, encontramos la innegable calidad de los trabajos que aglutina el autor bajo este título: se trata de una obra de impecable unidad estilística, una que ha sabido reunir en una voz inconfundible y ya propia de Meléndez las decantadas influencias de autores latinoamericanos, estadounidenses y europeos, actuando como una original síntesis de esa polifonía. El manejo maestro de los recursos literarios que exhibe el autor le permite trasmitir a la sensibilidad y al intelecto del lector, simultáneamente, el sentimiento y la idea, la emoción y el concepto, con una innegable capacidad por parte de Meléndez para encontrar la expresión justa y ubicarla sabiamente en el contexto, reforzando su intensidad particular al tiempo que potencia lo general del poema. Repetido este logro a todo lo largo de la obra, el conjunto posee una fuerza expresiva que se destaca por sí misma y, curiosamente, aparece como uniformemente distribuida en todo el continuo del poemario. Señalable característica, pues no es habitual que un poemario de cierta extensión, como el que nos ocupa, acuse tan marcado equilibrio escritural. Se trata de una poética sin altibajos –los esperables incluso en autores de todavía más dilatada trayectoria y tiempo en el oficio que Meléndez y notoriamente consagrados- que sorprenderá, también por esta peculiaridad, a quienes se aventuren en sus páginas.

Asimismo, creo que éste es el momento adecuado para hacer una salvedad: como bien sabemos, nadie puede definir cuál es, ni siquiera en dónde estriba, el innegable valor de una obra de arte poética. Es algo que se halla difuminado, esparcido por todo el conjunto, siendo inapresable para la palabra crítica. Podemos decir que *El cementerio marino*, de Paul Valéry, por ejemplo, es una obra maravillosa, pero al momento de pedírsenos que explicitemos en dónde radica su extraordinaria cualidad, nos será prácticamente imposible aislarla y someterla a examen. Invariablemente, la mayor parte de esa "razón de ser" poética de la citada obra se nos escapará y cuanto dejemos sobre el papel respecto de ella parecerá empalidecido, apenas referente, mero esbozo, ante la plena luminosidad de la obra a la que intenta vanamente describir o, siquiera, aludir. De modo semejante, ante lo alcanzado por Mario Meléndez en su sombría, riente, sarcástica, escalofriante, chispeante e "irreverente" (esto último, solamente para algunos y algunas) obra presente, se quiebra el lápiz y se atora el dedo en el teclado a la hora de particularizar sobre sus logros. Debo pedir disculpas por las torpezas de mi sola autoría que siguen a esta necesaria aclaración, al referirme a algunos aspectos de *La muerte tiene los días contados*.

Pero voy a intentarlo como mejor yo pueda.

En principio, señalemos que toda ironía en el fondo —y aun por delante- conlleva una mirada piadosa dirigida en espejo a aquello sobre lo que se ironiza. Que la ironía que destila —entre otros aspectos- esta obra de Meléndez, tenga por objeto la más impiadosa de las entidades, la mismísima señora de la guadaña, habla a las claras del punto de partida original que ha elegido el poeta para su trabajo, donde el hombre, que es el único animal que sabe que se va a morir, se dirige a la muerte a escala de la historia pasada y la más reciente, despojándola de su aura fúnebre a medias, para "humanizarla" a un grado tal que, por momentos, hasta la misma muerte nos despertará una sospechosa "condolencia" —no hay término más apropiado, dado el objeto-respecto de su suerte. Aquí, sin embargo, se evidencia el sentido del sentimiento despertado en espejo: quizá no nos condolemos de la suerte de la muerte, sino de la nuestra propia, proyectados en su temible figura. La muerte interlocutora de Meléndez, la fijada por Meléndez, no es solamente la alegórica entidad ni el hecho irreversible y biológico que a todos nos acecha seguro de su ineluctabilidad: es otro disfraz del hombre, quien debe aludir y eludir para hablar de aquello que lo toca hondamente.

La obra de Meléndez, lejos de cristalizarse, se encuentra siempre en una permanente metamorfosis y un proceso de cambio, al estilo de aquel óleo de Pablo Picasso que el célebre pintor encontró en un museo privado, años después de haberse desprendido de él, y que allí mismo retocó a su parecer, mostrando cómo, más allá de las fijaciones establecidas por la cultura, la obra sigue siendo de la sola propiedad de su creador.

Desde luego que lo anterior no agota de modo alguno cuanto puede decirse sobre el presente volumen, ya llegado a su cuarta edición, habida cuenta de lo antes señalado respecto de lo intangible e irreductible de la obra de arte, pero supongo que puede servir como un mediano antecedente para quien desee adentrarse en una de las obras más interesantes que ha dado la nueva poesía de nuestra América. En definitiva, *La muerte tiene los días contados*, en todas sus versiones, es una pieza ineludible en el anaquel destinado al género y quiero agradecer muy especialmente al autor por haberme permitido dibujar estos groseros trazos, estas líneas tan generales antes de que se abra ante el lector el maravilloso mundo que contienen las páginas siguientes.

LUIS BENÍTEZ

La vida privada de la muerte

LA MUERTE ES UNA MUÑECA DE TRAPO QUE SE DUERME EN LOS BRAZOS DE DIOS

TRES KILOS PESÓ LA MUERTE

Cuando nació la muerte
nadie quiso tomarla en brazos
era tan fea como las gordas de Botero

No durará mucho
dijo la madre al salir del parto
tan resignada y ausente
como una piedra en medio del temporal

Pero la muerte traía en los ojos
una luz endiablada
un dulce escalofrío de eternidad

Se equivocaron los médicos
y la matrona
y aquél que pasó la noche
llamando a la funeraria

Ahora es un bebé robusto
comentan las enfermeras
y a veces hasta Dios le cambia de pañales

RULETA RUSA

Tengo el revólver de la muerte
apuntando a mi cabeza
tengo el revólver de la muerte
entre mis manos levantadas

Dame todo lo que traes
me grita entre insultos
mientras percuta el gatillo
dame todo lo que traes
o te lleno de agujeros

Sólo tengo mi vida, contesto
temblando de miedo

¡¿Tu vida?!
Eso no sirve para nada

Dispara de una vez entonces
y acabemos con todo esto
me oigo decir
también entre improperios

Ni lo sueñes, murmura
bajando el arma de golpe
los poetas sólo mueren
de eternidad

Mario Meléndez

EL ÍDOLO

Yo soy *el niño**
                  me llaman Raphael
vivo en la quinta mediagua camino al cementerio
Desde allí veo pasar los ataúdes
el cortejo de lágrimas
                           y los pañuelos negros
veo pasar la muerte en cámara lenta
ella siempre me sonríe
Canta para mí
                  Raphael
que hoy me siento como nunca
Entonces yo
                  que sólo me debo a mi público
estiro mi garganta al infinito
y mi voz se cuelga de la tarde
                                    y flamea
entre gritos
              e insultos
                           y mujeres furiosas
pidiendo mi cabeza en una lanza oxidada
Todo esto en mitad del repertorio
mientras la muerte aplaude a rabiar
y arroja a mi ventana las flores de aquel entierro

---

*Apodo con que se le conoce al cantante Raphael de España, uno de
los precursores de la balada romántica en Hispanoamérica.

CRIATURAS

Tus muñecas tienen las manos heladas
parece que juegan con la muerte a la escondida
y no se cansan jamás

Quién peina a tus muñecas cuando te duermes

Tus muñecas se peinan solas
y cuentan hasta diez con los ojos cerrados
mientras la muerte envejece bajo tu cama

La muerte lloró a los pies de Jesús

CRISTO LAVÓ LOS PIES DE LA MUERTE
Y LUEGO LOS SECÓ CON LA TOALLA DE PILATOS

La muerte en el Calvario

*Evangelios apócrifos**

Acuérdate de mí cuando estés en tu reino
le dijo la muerte a Jesús
y al instante quitaré la lanza de tu costado
y esos clavos que desangran tus manos desaparecerán
y esa corona de espinas se hará polvo
y esas viejas que sollozan a contraluz
esos curiosos que nunca faltan
esos turistas japoneses con sus cámaras infernales
esos tipos que te daban de latigazos
el centurión con cara de gay que no deja de mirarte
la toalla de Pilatos, el fantasma de Barrabás
todos se irán al más allá sin boleto de vuelta
Si me llevas contigo, si te animas
te prometo otra noche con María Magdalena
que el beso de Judas lo recibirá tu padre
que Pedro te negará mil veces en el purgatorio
que haré un pastel con 34 velas
pedirás un deseo y soplarás con tanta fuerza
que arrasarás los jardines de Roma
te doy mi palabra que eso ocurrirá si te decides

Y Cristo vio a la muerte colgada junto a él
con el rostro perdido en la noche infinita
entonces pidió a su madre que le cerrara los ojos

*Escritos surgidos en los primeros siglos del cristianismo en torno a la figura de Jesús de Nazaret y que no fueron aceptados por la ortodoxia católica por no anunciar la buena nueva. Llamados también evangelios falsos o extra canónicos.

LA MUERTE LLORÓ A LOS PIES DE JESÚS

Evangelios apócrifos 2

Como era de suponer
la muerte lloró a los pies de Jesús
Fue un momento emotivo, sin duda
ver la muerte despojarse de su túnica
dejar su guadaña en custodia
y caminar desnuda hacia la cruz
hablando en arameo
Qué festín para esos paparazzi
qué regalo del cielo esas imágenes
multiplicadas en Sky o CNN
La muerte no paraba de llorar
estaba inconsolable aquel día
como cuando le dijeron que Moisés
ya no vería la tierra prometida
o cuando le avisaron que Picasso
no pintaría su retrato
o más aún, la vez que Ulises
regresó donde su amada
como esas telenovelas venezolanas
lloraba a mares de ceniza, de sangre
de colillas acumuladas
en los bolsillos de Dios
Qué pena con la pobre muerte
ahí desnuda en el Calvario
llorando a los pies de Jesús
su hijo crucificado

EL DÍA D

1

Primeros informes

(Martes, 13.52 hrs.)

Dios andaba en bicicleta
cuando la muerte lo fue a buscar
Ha fallecido tu hijo, le reveló
lo acabo de oír en la radio

2

Instituto Médico Legal

Llegaron a la morgue
a reconocer el cadáver
El cuerpo mostraba
signos visibles de tortura
latigazos, golpes, moretones
una herida con arma blanca
dos agujeros en las manos
cien piquetes en la frente
fracturas de toda índole
y su camisa manchada de sangre

3

Reporte del forense

(18.00 hrs.)

Murió de un lanzazo en el costado
luego de desvariar durante horas
llamando a un tal Dios
(no se consigna el apellido)
y prometiendo la vida eterna
a quien se lo pidiera

4

Al tercer día

Y quién resucitó, entonces
preguntó la muerte, sorprendida
Y Dios no supo qué decir

(La cruz, los clavos, la corona de espinas,
el arma homicida y otros medios de prueba
ya son parte del sumario)

LA MUERTE ROBÓ LOS ZAPATOS DE DIOS

La muerte robó los zapatos de Dios
Le quedaban grandes y los usaba de todas formas
los lustraba ceremoniosamente antes de salir
y había dejado escrito en su diario de vida
Quiero morir con los zapatos puestos
Ni siquiera se los quitaba cuando dormía
Cuando se daba un baño de tina
esos zapatos burbujeaban como si hablaran
como si Dios enviara recados del otro mundo
entonces la muerte los acercaba a su oído
y las cosas que escuchaba la hacían llorar

LA MUERTE BRILLA POR SU AUSENCIA

Te esperamos toda la noche
pero andabas con ése al que llaman Dios
y olvidaste a tus amigos para siempre
No sabes qué triste se siente el cementerio
Los gusanos han perdido el apetito
las hormigas ya no quieren trabajar
la gente no sale de sus tumbas
porque le viene el llanto y la nostalgia
Y no sé cómo decirles la verdad
que dejaste tu nicho vacío
para irte con un extraño
un tipo al que apenas conoces
un pobre diablo que te atrapa con mentiras
con historias absurdas
Qué es eso de crear el mundo en siete días
que su hijo murió en la cruz
y otras barbaridades
por las que caes rendida a sus pies
Si ya no quieres volver, conforme
pero búscate alguien más apropiado
más acorde con la realidad
De lo contrario
lo lamentarás toda tu muerte

LA MUERTE PERDIÓ LA RAZÓN

Dios se fue con otra
Dejó a la muerte llorando por los rincones
Guardó unas cuantas cosas:
su diario de vida, el retrato de Cristo
unas sábanas que eran de su madre
y salió con su maleta como si nada
La muerte entró en estado de shock
peinaba a sus muñecas durante horas
vagaba desnuda por los cementerios
sin conocer a nadie, perdida entre esas tumbas
que no dejaban de mirarla
entre esas fosas que añoraban abrazarla
como cuando era niña
y jugaba a la escondida con las arañas
o se enojaba con los gusanos
porque nunca la encontraban
Qué noches aquellas
                    Y ahora, tan sola
tan ausente en su propia oscuridad
incapaz de recordar detalles, rostros
sólo los labios de Dios cantándole al oído:
*Te amaré aunque tenga final**

*Tema de Silvio Rodríguez.

Mario Meléndez

SOÑAR NO CUESTA NADA

El amuleto de la muerte no es una pata de conejo
es un hueso de mamut recién nacido
Tiene otro que le quitó a un fariseo
y otro que era de Moisés
En verdad se desvive en todo tipos y tamaños
Destacan de su colección:
la clavícula de Atila, el fémur de Cleopatra
la mandíbula de Lot, la pelvis de Salomé
una costilla de Adán, y entre sus joyas
el cráneo de Mahoma conservado en vinagre
Por eso sueña con ganar la lotería
y erigir el museo más grande que exista
pondría una muestra permanente
con salas climatizas y buena iluminación
y en el centro de todo esto
un gran espacio para su obra maestra:

                              el esqueleto de Dios

EL TESTAMENTO DE LA MUERTE

Ayer dieron lectura al testamento de la muerte
y como era de suponer
Cristo se quedó con la túnica blanca
La guadaña pasó a manos de Charles Manson
El ataúd transparente fue donado para obras
        de caridad
La tierra de cementerio traída desde Egipto
fue arrojada en el mar del inconsciente
donde nadan los muertos a medianoche
El inodoro en forma de calavera fue transferido
        al Vaticano
La silla eléctrica fue confiscada por falta de pago
El cinturón de castidad se vendió sin el candado
El chaleco antibalas fue devuelto a la policía
La guillotina de Robespierre fue obsequiada
        al club de fans
Los fósforos de Nerón aparecieron en una vitrina
La bacinica de Stalin cayó desde un precipicio
El pijama de Adán se perdió en plena subasta
El diario de vida fue leído a la multitud
Las llaves del más allá se oxidaron
        en los bolsillos de Dios

CON LOS DIENTES DE DIOS

Con los dientes de Dios
escarbo la tumba de la muerte
Con los dientes de la muerte
escarbo la tumba de Dios
Con mis propios dientes
no escarbo tumba alguna
porque Dios y la muerte
se acuestan en el mismo nicho
pero en horarios diferentes

TITULARES

Termitas salvan a Cristo
de morir crucificado

COMUNICADO DE ÚLTIMO MINUTO

El examen de ADN resultó negativo
Cristo no es hijo de Dios

La muerte tiene los días contados

LA MUERTE PIDIÓ QUE LA CREMARAN Y ESPARCIERAN SUS CENIZAS SOBRE TODOS LOS VIVOS

EL EXTRAÑO CASO DE LA SANTA MUERTE

Ésa que ven ahí desnuda
mirando las vitrinas de la noche
no es otra que La Santa Muerte
Perdió su traje en una riña callejera
y la guadaña se le cayó en la final del campeonato
mientras gritaba como loca por su equipo preferido
y la sacaban en andas los fanáticos
para después olvidarla, perdida de borracha
en algún bar de la periferia
Ahora no sabe qué ponerse y está pálida de frío
temblando en mitad de la calle
mostrando una escuálida armadura que da pena
ofreciéndose al primero que pase
y así tener donde dormir, por lo menos
Mañana empeñará su ataúd, lo hará a primera hora
a ver si la suerte se equivoca y le vuelve a sonreír

LLEGAMOS TARDE AL ENTIERRO DE LA MUERTE

Llegamos tarde al entierro de la muerte
por eso nos dejó de hablar
y ya no sabremos de ella por un tiempo
hasta que pase la rabia, seguro
o le soplen donde estábamos a esa hora
mientras todos la despedían con grandes discursos
y lloraban desconsolados y se abrazaban al ataúd
silbando la canción del adiós
entre pancartas que decían: Good bye
que Dios te bendiga, no te mueras nunca
escribe y manda fruta, y otras tantas
que no pudimos ver ni escuchar
que nos contaron a medias
porque llegamos tarde al entierro de la muerte
y no hay excusa que valga, ninguna
por eso seguiremos pintando el cementerio
tumba por tumba
hasta que un día nos perdone

La muerte está de moda

Raspe y gane un viaje de película
a las inolvidables Playas de la Muerte

Disfrute de lugares exóticos como el Patio 29[1]
donde verá la colección de huesos más grande que existe
las fosas reciclables traídas desde Auschwitz[2]
o el nicho con cajones donde duermen diez tipos a la vez

Dese un tour por Grimaldi[3]
donde el llanto de los torturados le secará los tímpanos
o Londres 38[4], donde disfrutará de una amena charla con
viejos tragasables
y magos que desaparecen cuerpos sin dejar rastro

Haga una caminata por los alrededores de Tres Álamos[5]
y contemple los extraños frutos que cuelgan
de las alambradas

---

[1]Lugar ubicado dentro del Cementerio General, en Santiago de Chile, donde fueron enterrados y luego exhumados unos 200 cuerpos de detenidos desaparecidos durante la Dictadura Militar.
[2]Complejo formado por diversos campos de concentración y de exterminio en masa de prisioneros construido por el régimen de la Alemania nazi en Polonia durante la Segunda Guerra Mundial.
[3]Lugar convertido en el más emblemático campo de torturas y desapariciones durante la Dictadura Militar Chilena.
[4]Inmueble utilizado por la Dirección de Inteligencia Nacional (DINA) como lugar de detención y tortura de opositores a la dictadura militar de Augusto Pinochet.
[5]Campamento de prisioneros políticos que funcionó por orden del Régimen Militar en CHILE.

Acérquese a admirar los uniformes ensangrentados
que se apolillan en los centros comerciales

Sorpréndase con las ofertas del día:
una mandíbula rota, una lanza en el costado
un cráneo con salida de proyectil

Deléitese con los esqueletos que flotan
frente a las costas porteñas
y sacan la mano saludando a los viajeros

Maravíllese con el show de los verdugos jubilados
que se presenta cada viernes en los circos de provincia

Sea parte del exclusivo grupo de turistas
que por 100 euros de más
verá el rostro calcinado de la patria

No deje de visitar isla Dawson[6]
y comparta una alegre velada con Los Prisioneros
el grupo del momento

---

[6]Isla situada en el Estrecho de Magallanes (extremo sur de Chile).
Constituye uno de los lugares más emblemáticos de la represión
ejercida por el Régimen Militar entre los años 1973 y 1974, llegando a
albergar cerca de 400 prisioneros, sentenciados a trabajos forzados,
vejámenes y torturas.

Arrójese en paracaídas sobre Villa Baviera[7]
y sorprenda in fraganti a los jerarcas alemanes
(sucedáneos de las S.S.)
mientras se acuestan con ángeles deshojados

Asómbrese de lo que aguanta un faquir
sobre una cama de clavos, nuevecita de paquete

Atrévase a romper el toque de queda
y regocíjese con cada golpe que reciba

Y sobre todo
guarde una bala de plata, por si lo reconocen

---

[7]Enclave alemán fundado a principios de la década de los 60, que sirvió
de campo de concentración y tortura durante la Dictadura Militar. Se
ubica en el centro sur de Chile.

AUTORRETRATO DE LA MUERTE

Qué puedo agregar de mí
que no se haya dicho o escrito
o publicado por esa manga de reporteros
parados noche y día en las afueras del cementerio
subidos en las cruces
escondidos en los nichos vacíos
atrincherados en la fosa común con sus cámaras
       hambrientas
para ver si me atrapan en algo poco digno
o consiguen un registro de mi esbelta anatomía
o se llevan la exclusiva de mi rostro al despertar
saliendo de ese féretro que parece congelador
o tomando el sol en traje de Eva
recostada sobre la tumba de mi madre

Qué puedo agregar de mí
que los gusanos no aclararan en su momento
que Chagall no tuviera en mente
mientras colgaba detrás de su tela
o esas moscas que acompañaban los restos
      de Baudelaire
no hayan hablado en la sobremesa
o el fantasma de Vallejo no sospechara
en esa noche de aguacero

Qué puedo agregar de mí
salvo que he sido feliz en los campos de batalla

Mario Meléndez

aconsejando a los suicidas
mientras se miran al espejo por última vez
visitando a los enfermos terminales
tomando la palabra en el entierro de Cervantes
cargando el ataúd de Miguel Ángel o John Lennon
probándome el pijama de Mandela

Qué puedo agregar de mí
si cada letra de mi loca biografía
la escribirán ustedes tarde o temprano

LOS TELONEROS DE LA MUERTE

Para Jim, Jimi y Janis

Ellos son los teloneros de la muerte
y tocan cada noche en el bar del cementerio
Ponen tanta fuerza en lo que hacen
que la gente se levanta de sus tumbas
apenas suenan los primeros acordes
y comienzan a bailar desenfrenadamente
como si espíritus embrujados
se adueñaran de sus tristes esqueletos
y naufragaran al ritmo del rock and roll
y corearan los temas elegidos
en un aullido que no es de este mundo
Y cuando cae el telón a manos de
Bill Halley o Elvis Presley
la locura se apodera de los nichos
de la fosa común salen lamentos
que arrugan la oscuridad
y los pocos que yacen impávidos
o porque están sordos o no fueron invitados
o prefieren una música más docta
juegan ajedrez con las hormigas
y beben tequila hasta resucitar
Así es la cosa en el bar del cementerio
ahora que la noche ha perdido la voz
y los muertos descansan en paz
bajo las mesas del más allá

LA MUERTE SOÑÓ CON CHUANG TSE*

La muerte soñó con Chuang Tse
y se olvidó quién era en el sueño
vagaba por el inconsciente con las rodillas rotas
y a veces saltaba al vacío para no llorar

Chuang Tse soñó con la muerte
y vio a lo lejos los campos de exterminio
los esqueletos que colgaban de las alambradas
las cenizas amontonadas en los jardines de Auschwitz

Ambos soñaron despiertos con la misma mariposa
y dejaron de tener pesadillas
pero la pobre mariposa ya no regresó del sueño
había quedado atrapada en el ombligo de Dios

*Chuang Tzu soñó que era una mariposa. Al despertar ignoraba si era
Chuang Tzu que había soñado que era una mariposa o si era una
mariposa y estaba soñando que era Chuang Tzu. (Chuang Tse)

Los heterónimos de la muerte

LA MUERTE ES EL CADÁVER DE NADIE

LA MUERTE HABLÓ CON BENEDETTI

17 de mayo de 2009

Ya es hora, le dijo, sabes muy bien
    cómo es la cosa
no me hagas perder el tiempo
y empieza a caminar hacia esa puerta
lentamente, donde mis ojos te vean
Olvida tus zapatos, tu voz, tu dentadura
y déjate llevar, disfruta de este viaje
ponte cómodo, verás que tengo razón
y te acostumbras a tu nueva identidad
    de muerto
donde no podrás escribir, es verdad
no podrás contarle a los amigos
que tu sombra crece hasta el infinito
que la noche se colgó de una estrella
y su cuerpo sigue tibio en la morgue
    de los sueños
Pero sabrás de antemano, eso sí
por qué la vida se cortó las venas
    este domingo

LA MUERTE HABLÓ CON MICHAEL JACKSON

25 de junio de 2009

Si me enseñas ese paso para atrás
te dejaré más blanco que los pechos de Madonna
olvidarás injertos y cosas raras
serás joven para siempre, tal como has soñado
desde que viste a Dios entre tus sábanas
y bailarás como las amapolas desnudas
dándole cuerda a tus zapatos infinitos
a tu traje de ceniza confitada
a tu canto que anestesia la memoria
y a la vez golpea con su latido de piedra
Si me enseñas a mover el esqueleto
te sentarás a la derecha de Jehová
y yo estaré a la izquierda vestida de boy scout
haciendo sonar la trompeta de Louis
esperando a que unos ángeles te den la bienvenida
y te carguen en andas al país de nunca jamás
del que ya no querrás volver
porque allí todo tiene tu perfume
todo lleva tu color verdadero
el color de los muertos que preguntan por ti

LA MUERTE HABLÓ CON VAN GOGH

29 de julio de 1890

Yo también estoy loca, le dijo al oído
y mis demonios salen de noche
a estirar las piernas
y queman los campos de trigo
mientras se emborrachan
o le cortan la cabeza a las abejas
y ahogan los gatos pequeños
porque traen mala suerte
Mis demonios son como yo
calvos y huesudos
y tienen mal humor
cuando despiertan
a las cinco de la tarde
para tomar el té con galletas
o son interrumpidos mientras
se retratan los unos a los otros
en sesiones infinitas
Pero les tengo cariño, sabes
son los hijos dejados en la puerta
que lloran de hambre y de frío
Entonces los abrazo y les digo
Vamos donde el tío Vincent
el último en llegar, desaparece

LA MUERTE HABLÓ CON JUDAS

Qué se creen esos tipos del Sanedrín
que la cosa anda al lote
Unas cuantas monedas
por vender a tu Maestro
Se les secó el cerebro, acaso
o de plano son miserables
y no quieren soltar el money
Qué poco valoran el trabajo ajeno
los viajes a lomo de mula
las enseñanzas, los milagros, en fin
y todo esto ad honorem
poniendo incluso de su bolsillo
para estirar los panes y los peces
Que sea el hijo de Dios
se lo pasan por el soberano
y todavía se atreven a escupirlo
y apedrearlo y darle de latigazos
cuando el hombre lo único que hace
es lanzar buenas vibras
Debieras exigir una mejor oferta
a estos desvergonzados:
un crucero por las Bahamas
una cuenta en el banco de Babilonia
una cena con Salomé a la luz de las velas
Recapacita, niño
no lo entregues así de fácil

Si no obedeces
te colgaré de los pies
y luego iré donde Cristo
para besarlo en tu nombre

LA MUERTE HABLÓ CON SU ÁNGEL DE LA GUARDA

La muerte está embarazada de mí
tiene tres meses, me dice

Tú estás loca, le respondo
te acuestas con medio mundo
desde el principio de los siglos
y me quieres encajar la criatura

Piensas que soy idiota, acaso
o que me falta un tornillo

Espero un hijo tuyo, me insiste
con los ojos llorosos
crees que jugaría con algo tan serio

Déjate de tonterías, le contesto indignado
ese niño es de Dios y tú lo sabes

Los personajes de la muerte

LA MUERTE TIENE EL SUEÑO PESADO
SÓLO DESPIERTA CON LOS GRITOS DEL SILENCIO

LA MUERTE QUISO SER RIMBAUD

La muerte quiso ser Rimbaud y colgó
    a la belleza de los pies
Me falta práctica
                comentó a un medio local
pero esperen a que reciba la enciclopedia
    Poetas del más allá
con Whitman a la cabeza
y ese loco de Artaud que ahogaba su sombra
    en agua bendita
Verán como en semanas manejaré la pluma
me llamarán la nueva Rimbaud
la vedette que todos anhelaban
Mientras tanto
llevaré a la belleza de compras
le diré que todo fue un mal entendido
Ojalá y no me haga la cruz por igualada

LA MUERTE QUISO SER SALOMÉ

La muerte quiso ser Salomé
y en los suburbios del hambre
ejecutaba una danza febril y apocalíptica
La jauría aullaba de placer
y se postraba ante el extraño frenesí
de sus caderas oceánicas
de sus pechos confitados
Sos grande, le gritaban los clientes
Cómo no te voy a querer
entonaba la porra de turistas
que abarrotaba el lugar
que se arrancaban los pelos y la camisa
de puro emocionados
Te daremos lo que quieras
exclamaban jubilosos y a punto del delirio
Lo que quiera, repetía la muerte
mientras colgaba como una araña del escenario
Y pidió la cabeza del Fürher en una bandeja
y la de Stalin en una pecera
y la de Bush y toda su familia
en una mesa de centro
y la de Herodes en una maleta
Y al final pidió la cabeza de Dios
envuelta para regalo

LA MUERTE QUISO SER (O NO SER)

para William, lógicamente

Agarró su propia cabeza
y comenzó a decir una serie de incoherencias
todas ellas referidas al más allá
sobre el alza en el precio de los ataúdes
que los gusanos se llevan la mejor parte
que Hamlet es un bueno para nada y esas cosas
Si Shakespeare estuviera en la platea
le diría sus cuantas verdades
pero eso a la muerte no le va ni le viene
Escribir, dirigir, actuar, son cosas que soñó
        desde niña
cuando su padre la llevaba al teatro de Sófocles
e imaginaba tener los pechos de Electra
o los labios de Casandra
Ahora prepara un gran monólogo
no apto para cardiacos ni enfermos terminales
Se llamará: *La muerte no tiene rating*
Para ello se levanta de amanecida a ensayar
        cada línea
es muy profesional en eso y detallista a rabiar
Se instala durante horas frente al espejo
pasando su cabeza de mano en mano
haciendo la eterna pregunta del ser o no ser
convencida que Dios la espía del otro lado

La muerte quiso ser Blancanieves

La muerte se miró al espejo por última vez
quería ser Blancanieves
hermosa y radiante como una lechuga
No tienes chance, le dijo el espejo
intenta otra cosa, prueba con los enanos
la bruja, la madrastra
Sé realista por Dios
si pareces salida de un cuento de la cripta
Mira tu calva, tus pechos que llegan al suelo
tu cintura de huevo, tus patas de canario
Te miro la cara y me da sed
No insistas, por favor
Acepta con decoro tu destino y no jodas más
ya no me aburras con: *Espejito, espejito…*
y esas tonteras
Por mí puedes irte al infierno
pero antes, ponte una peluca que me encandilas

La muerte lleva una camisa de fuerza

LA MUERTE DUERME
EN EL OMBLIGO DE DIOS
ME LO DIJO UNA VOZ
QUE NO ES DE ESTE MUNDO

LA MUERTE LLEVA UN GATO EN LA ESPALDA

La muerte lleva un gato en la espalda
tiene tres meses apenas
pero maúlla de tal manera
que desangra los tímpanos del más allá
Qué hacer con este tipo que se alimenta
de ratas imaginarias
de peces que nadan en el inconsciente
de gorriones atrincherados
en el bosque del lenguaje vestidos de frac
Qué hacer si ya no quedan más vidas
y se aferra a la espalda de la muerte
con las uñas hambrientas
porque le angustia la soledad
Qué hacer para que baje de ahí
si hasta la muerte le da pena decirle
que se vaya, que recoja sus cosas
y se marche para siempre
Pero eso no ocurrirá por fortuna
la muerte tiene corazón de abuelita

LA MUERTE LLEVA UNA CAMISA DE FUERZA

La muerte lleva una camisa de fuerza
la confundieron con Artaud
o con la sombra de Panero
y la cargaron en andas hasta el viejo sanatorio
de Las tres hormigas
Ahora pasa los días esperando a Godot
o a Picasso o a un triste marinero
que le corte las amarras con los dientes
Lo que ella quiere en verdad
es lanzarse en paracaídas desde un décimo piso
o arrojarse en alas delta desde la torre Eiffel
mientras es fotografiada por Man Ray
o el mismísimo Tunick
Pero odia aparecer en las revistas
o en algún calendario de moda
Prefiere tomar el sol en traje de Eva
en una playa exótica, con una botella de ron
y la brisa desgastando su anatomía
La muerte lleva una camisa de fuerza
la confundieron con Dios
o con el loco de su hijo
ése que divaga por las calles
con una lanza en el costado

LA MUERTE LLEVA EL APELLIDO DE DIOS

La muerte lleva el apellido de Dios
Así consta en un acta encontrada en su ataúd
Las fechas están borrosas
los signos corresponden a un idioma primitivo
pero se aprecian claramente las marcas sagradas
la huella de los santos en el viejo manuscrito
Es la prueba irrefutable
la evidencia de un lazo consanguíneo
el vivo testimonio acallado desde el origen
guardado en las antiguas escrituras
perdido en las ciudades amuralladas
enterrado en los cementerios indios
susurrado por los brujos en extraños ritos
El secreto a voces que latía en los altares
y que ahora se revela en su amargo esplendor
La muerte lo niega todo, por supuesto
dice que se trata de un show, de un gran montaje
para esconder lo único verdadero
que Dios fue violado por su padre

Postales del más allá

¿UD. CREE QUE LOS MUERTOS
MERECEN UNA VIDA MEJOR?
LOS MUERTOS SON COMO LOS POBRES
NO TIENEN FUTURO

EL ÚLTIMO AQUELARRE*

De todas las brujas que vinieron a casa
el día de muertos
eras la única que no traía escoba
Tal vez esa manía de imitar a jovencitas
que lucen extraños tatuajes
o aquellas que salen en burdos comerciales
hace que pierdas el norte de tu vuelo
y encuentres horizontes más aptos
para evadir la realidad
Cuál pócima será la indicada
para que entres en razón
cuántos pelos de gato serán suficientes
cuántos huevos de araña bastarán
para sacarte de aquel sueño en el que habitas
con los muslos apretados
Será mejor que por tu bien recapacites
y vuelvas con los tuyos
hazlo por esa escoba que gime en las noches
mientras barre el polvo de la soledad

*Reunión de brujas en torno a la figura del Diablo, representado por
un macho cabrío.

LA LENGUA HABLA A TRAVÉS DE SUS RECUERDOS

No tiene pelos en la lengua porque no tiene lengua
se la arrancaron
como a esos bueyes que surten los mataderos
y llevan polvo en las axilas

Pero la lengua habla a través de sus recuerdos
se comunica en el idioma de los muertos
a quienes tanto debemos
se hace entender a cucharadas
como esos árboles que mueven los pies
para decir presente

La lengua habla aunque se llene de hormigas
aunque se pudra y ya no sea la misma
sigue cantando o ladrando o haciéndose a un lado
para que se oigan más fuertes los gritos del silencio

PABLO DE ROKHA*

A Licantén regresarán tus huesos
Al nicho del que saliste
con los bolsillos hinchados
de eternidad y de tristeza
A la calle donde la noche se arrastra
cargando tu corazón al hombro
A la casa donde tus uñas crecen
como enredaderas
A la habitación donde te parieron
tres hienas riéndose de ti
Al ataúd del que saldrás otra vez
a vivir de la mano con la muerte

*Poeta chileno (1894 – 1968) que se suicida con un revólver regalado
por el pintor mexicano David Alfaro Siqueiros.

THIS IS THE END

El final se acerca
con banderas de todo tipo
con escudos amargos
con estandartes de odio
El final se acerca
y sólo tu rostro flamea
entre los mástiles
mientras abajo
más cerca del gusano
que de tus labios
la muerte
ha izado mi sombra
a media asta

AÑOS DESPUÉS

Cuando mi abuelo sacó por fin
los muertos del baúl
un grillo ensayaba
sobre un esqueleto sin nombre
su primera sinfonía

OFF THE RECORD EN LA SALA DE TORTURA

El niño no paraba de llorar
aunque el verdugo repetía de rodillas
que su madre no había muerto

MEMORIAS DE UN NIÑO JUDÍO

Mi abuelo se equivocó de tren
y ahora sus cenizas juegan
en los jardines de Auschwitz

ACLARACIONES POST MORTEM

Nunca pensé que moriría
primero que mi sombra
Ahora entiendo
que se hacía la enferma
para que yo no la dejara

OBITUARIO ESTELAR

En una trágica explosión
ha muerto el Big Bang

RELOJ DE ARENA

Tus muñecas envejecen
y ya no juegan contigo

Historias de la vida irreal

LA MUERTE SE BEBE LA ORINA DE DIOS PARA NO ENVEJECER

EL CADÁVER DE NADIE

Usted verá pasar el cadáver de nadie
por una sinagoga en llamas
Estará parado en la esquina
donde el cortejo se divide en dos
Unos irán a pie
llevando el ataúd por un atajo
Otros en línea recta
escoltando la carroza de rodillas
Llegado al cementerio
la madre y la viuda del cadáver
se quitarán el luto
y las piernas ortopédicas
Podrá ingresar al recinto
sólo si es familiar
De lo contrario
deberá contemplar resignado
al igual que esos curiosos
apostados en los techos
o colgados de los plátanos orientales
Terminada la ceremonia de cremación
las cenizas serán arrojadas
sobre la concurrencia
y usted volverá a la misma esquina
a esperar el siguiente funeral

HISTORIAS DE LA VIDA IRREAL

Uno

La muerte entra a la capilla donde velan
los restos de Dios
Porta un ramo de cenizas que deja sobre el ataúd
asoma su calavera por la ventanilla
dice algo en arameo y luego se marcha
ante la mirada atenta de algunos familiares

Un poodle vestido de luto orina las flores
las sillas y todo lo que ve a su alrededor
los niños le dan de beber agua bendita
le arrojan hostias desde el altar
Los padres amenazan castigarlos
y los niños se evaporan en el acto

La muchacha que fumaba en el jardín
ha perdido de vista a su mascota
la busca desesperada entre la multitud
pero el viejo poodle ha desaparecido

Ahora sigue a la muerte por una calle vacía
donde los árboles le ladran para que no se acerque

Mario Meléndez

Dos

Los niños que saltaban
el extraño ataúd
jamás volvieron a casa

se perdieron entre
los candelabros rotos
y las flores que orinaba
el viejo poodle

Sus padres los buscan
desesperados

Se diluyeron en agua bendita
dice la muerte
mientras mira a la muchacha
que fuma en el jardín

El viejo poodle se pasea
con la garganta seca

TANGO FEROZ

La muerte ronda por la plaza
silbando un tema de Piazzolla
Las palomas se muestran nerviosas
como esperando que algo acontezca
Presienten el nudo en la garganta
y el gran zarpazo de la soledad
Anoche visité a don Ramiro, les dice
mientras exhibe un bastón color de trigo
Aquí les envía estas migas desde el más allá
Lo siento por ustedes, muchachas
son las últimas que traía en los bolsillos
Y ante la mirada atónita de las emplumadas
lanzó su vieja peluca a la alcantarilla
y se perdió entre los avellanos
silbando un tema de Piazzolla

POR TU PROPIO BIEN

La muerte tiene sobrepeso y cuando se ve al espejo
le da una vergüenza terrible y hasta ganas de llorar
He intentado todo, le dice a su sicoanalista
desde dietas estrictas a liposucciones
Voy al gimnasio tres veces a la semana
salgo a correr por las tardes aún bajo la lluvia
hago aeróbica en casa de una vecina
sigo todos los consejos de Cindy Crawford
media hora en bicicleta, flexiones, sentadillas
abdominales, en fin. Pero no hay caso
llevo una panza que se adivina de lejos
y esta piel de naranja inmerecida
Qué horror, mire mis pechos
cierto que da lástima mi facha
El problema es que eres una golosa
la increpa su sicoanalista
Vuélvete vegetariana, okey
y deja a los vivos tranquilos
aunque sea por esta noche

LOVE STORY

1

La muerte se desnuda
para la posteridad
El canario del mayordomo la ve
desde una jaula irreal
La muñeca que yace bajo la cama
ha trizado el espejo
donde la muerte se palpa los pechos
Dos orugas asoman de su nariz
y emprenden vuelo rasante
A los pocos minutos regresan
con noticias del extranjero
El cadáver acaba de llegar
su sombra pasta en el jardín
frente a la estatua ecuestre
La muerte se desnuda
para la posteridad
El cadáver compartirá su lecho
bajo amenaza de vida

2

Las cartas que escribía el cadáver
no eran del todo ridículas

Ahora la muerte se encamina
hacia una iglesia en llamas

mientras las hormigas le llevan
el traje de novia

La muerte, todavía

LA MUERTE ES EL ÚNICO KAMIKAZE QUE SIEMPRE REGRESA

LA MUERTE TENÍA UNA COARTADA

Así es, inspector
me llamaron de madrugada
para decirme que habían hallado
el cadáver de Dios
Pero a esa hora
yo estaba con su hijo

LA VENGANZA DE NARCISO

Cuando la muerte se mira al espejo
a Dios se le caen los dientes

Cuando Dios se mira al espejo
a la muerte le dan ganas de llorar

INTERPRETACIÓN DE LOS SUEÑOS

La muerte cuenta ovejas
para dormir
pero son ovejas tristes
que balan toda la noche
en el ombligo de Dios

SECRETOS DE FAMILIA

Dios golpea a su mujer
nadie lo sabe
y si lo saben
guardan silencio
Por algo es Dios
ese cabrón
dice la muerte
con los labios hinchados

FE DE ERRATAS

La muerte pidió tres deseos
y apagó las velas del pastel
pero era el cumpleaños de Dios

LA MUERTE HIZO LLORAR A DIOS

Cristo no es tu hijo, le confesó
Me acosté con otro
mientras volvías de Auschwitz
con las cenizas de tu madre

OBSESIÓN FATAL

La cabeza del Bautista rodará
hasta el fin de los tiempos
mientras la muerte
no deje de creerse Maradona

La muerte, todavía

Yo tuve un hijo con la muerte
y se llamaba como tú:

DIOS

ACERCA DEL AUTOR

Mario Meléndez (Linares, Chile, 1971). Estudió Periodismo y Comunicación Social. Entre sus libros figuran: *Apuntes para una leyenda, Vuelo subterráneo, El circo de papel, La muerte tiene los días contados, Esperando a Perec* y *El mago de la soledad*. En 1993 obtiene el Premio Municipal de Literatura en el Bicentenario de Linares. Parte de su obra se encuentra traducida a diversos idiomas. Durante varios años vivió en Ciudad de México, donde dirigió la serie *Poetas Latinoamericanos* en Laberinto ediciones y realizó antologías sobre la poesía chilena y latinoamericana. A comienzos del 2012 fija su residencia en Italia. En 2013 recibe la medalla del Presidente de la República Italiana, concedida por la Fundación Internacional don Luigi di Liegro. Durante el periodo 2014-2016, dirige dos colecciones de poesía latinoamericana para Raffaelli editore, en Rímini. Una selección de su obra apareció en la prestigiosa revista *Poesia* de Nicola Crocetti. Al inicio de 2015 es incluido en la antología *El canon abierto. Última poesía en español* (Visor, España). En 2017 algunos de sus poemas aparecen traducidos al inglés en la mítica revista *Poetry Magazine* de Chicago. En 2018 regresa a Chile para asumir como editor general de la Fundación Vicente Huidobro.

ÍNDICE

La muerte tiene los días contados

Colección
Vivo Fuego
Poesía esencial
(Homenaje a Concha Urquiza)

1
Ecuatorial / *Equatorial*
Vicente Huidobro

Colección
CUARTEL
Premios de poesía
(Homenaje a Clemencia Tariffa)

1
El hueso de los días.
Camilo Restrepo Monsalve
-
V Premio Nacional de Poesía
Tomás Vargas Osorio

Colección
PIEDRA DE LA LOCURA
Antologías personales
(Homenaje a Alejandra Pizarnik)

Colección
CRUZANDO EL AGUA
Poesía traducida al español
(Homenaje a Sylvia Plath)

Colección
MUSEO SALVAJE
Poesía latinoamericana
(Homenaje a Olga Orozco)

Colección
PARED CONTIGUA
Poesía española
(Homenaje a María Victoria Atencia)

1
La orilla libre / The Free Shore
Pedro Larrea

2
No eres nadie hasta que te disparan /
You are nobody until you get shot
Rafael Soler

3
Cantos : & : Ucronías / Songs : & : Uchronies
Miguel Ángel Muñoz Sanjuán

Colección
SOBREVIVO
Poesía social
(Homenaje a Claribel Alegría)

Colección
TRÁNSITO DE FUEGO
Poesía centroamericana y mexicana
(Homenaje a Eunice Odio)

Colección
MUNDO DEL REVÉS
Poesía infantil
(Homenaje a María Elena Walsh)

1
Amor completo como un esqueleto
Minor Arias Uva

2
Del libro de cuentos inventados por mamá
La joven ombú
Marisa Russo

Colección
VEINTE SURCOS
Antologías colectivas
(Homenaje a Julia de Burgos)

1
Antología 2020 / Anthology 2020
Ocho poetas hispanounidenses / Eight Hispanic American Poets
Luis Alberto Ambroggio

Para los que piensan, como Hugo Mujica, que "toda poesía es barro, barro de sed partido", este libro se terminó de imprimir en el mes de diciembre de 2020 en los Estados Unidos de América.